BATMAN

TÖDLICHE ALLIANZ

Text: MIKE W. BARR
Vorzeichnung: BART SEARS
Zeichnung: RANDY ELLIOT
Farben: STEVE OLIFF

Übersetzung: UWE ANTON
Lettering: MICHAEL MÖLLER
Produktion: JAN F. ZANDER
Lektorat: ANDREAS C. KNIGGE

CARLSEN VERLAG

BATMAN wurde geschaffen von Bob Kane

CARLSEN COMICS
Lektorat: Uta Schmid-Burgk, Andreas C. Knigge, Marcel Le Comte
1. Auflage April 1994

Aus dem Amerikanischen von Uwe Anton
FAITH

Lettering: Michael Möller
Druck und buchbinderische Verarbeitung:
Dresdner Druck- und Verlagshaus

ISBN 3-551-72374-5
Printed in Germany

BATMAN
5. JULI.
WEISS NICHT, WAS TWITCHELL MIR VERKAUFT HAT.
SO WAR ES NOCH NIE...
SO HAT SICH DIE WELT NOCH NIE BEWEGT...
SONST WAR'S IMMER GUT...
Text: MIKE W. BARR
Vorzeichnung: BART SEARS
Zeichnung: RANDY ELLIOT
Farben: STEVE OLIFF
...ABER DAS IST MIES...
ERSTES KAPITEL
BATMAN wurde geschaffen von Bob Kane

LASS MICH IN RUHE, DU VERDAMMTER JUNKIE...!
VOR-SICHT!
MAMA, WAS IST DA LOS?
STILL, SCHATZ... KOMM SCHNELL!
ICH GLAUBE, ER HAT AUF IHREN WAGEN GESABBERT, MR. COSTAS.
ZAHL'S IHM HEIM, SAMMY...
ICH HAB'S EILIG.
NICHT...
HALT STILL, DU PENNER...

...WAS...
WOHER KOMMT...
...WAS IST DAS...?

HAB SO EINEN WIE DEN NOCH NIE GESEHEN.
HOFFENTLICH IST ER NICHT HINTER MIR HER...
O GOTT...!
DARF MICH NICHT BEWEGEN. DARF NICHT MAL BLINZELN. SONST BIN ICH...
...TOT. ICH BIN TOT. GENAU WIE DIE ANDEREN.
SIE KOMMEN IN ORDNUNG.

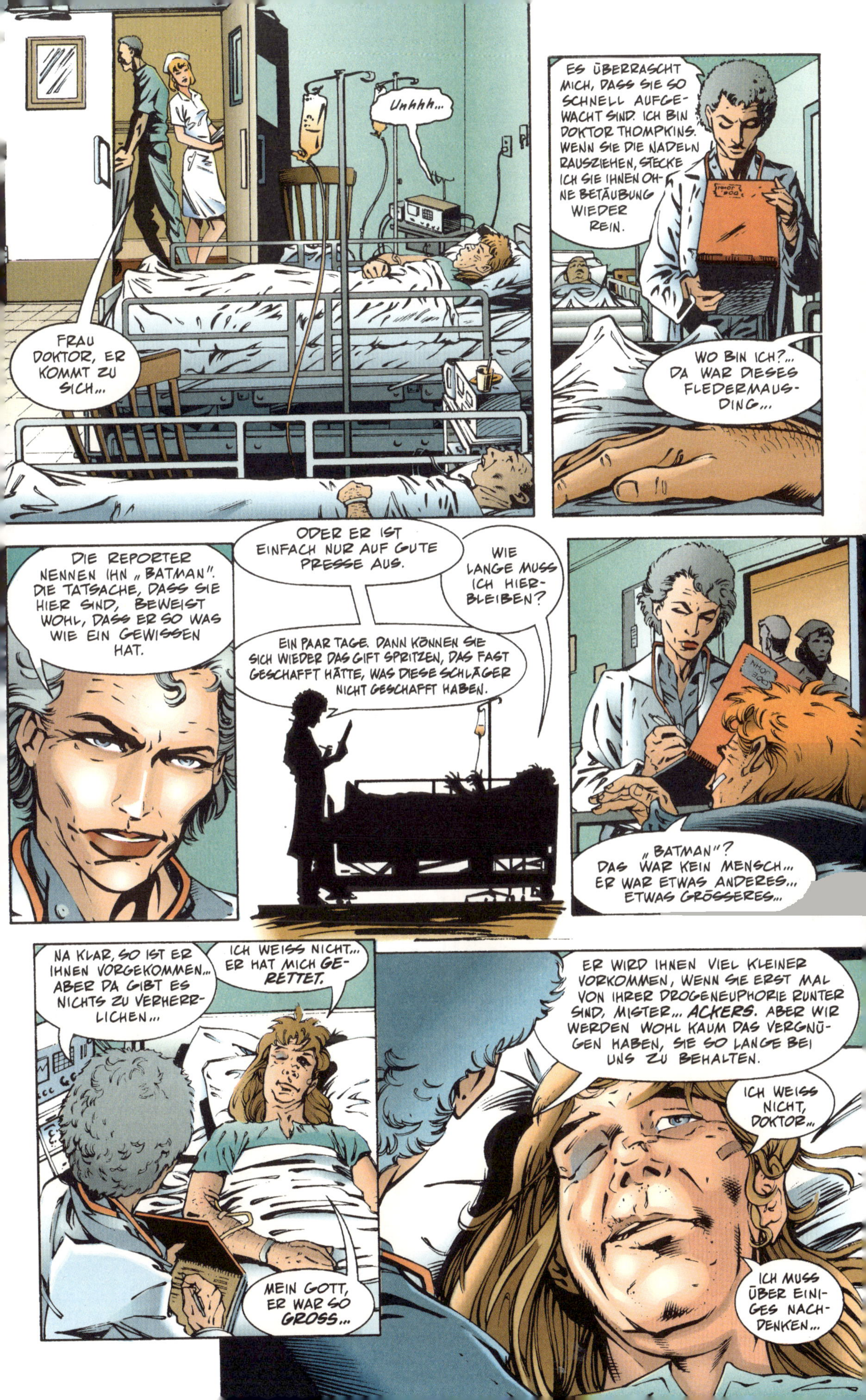
Unhhh...
FRAU DOKTOR, ER KOMMT ZU SICH...
ES ÜBERRASCHT MICH, DASS SIE SO SCHNELL AUFGEWACHT SIND. ICH BIN DOKTOR THOMPKINS. WENN SIE DIE NADELN RAUSZIEHEN, STECKE ICH SIE IHNEN OHNE BETÄUBUNG WIEDER REIN.
WO BIN ICH?... DA WAR DIESES FLEDERMAUSDING...
DIE REPORTER NENNEN IHN „BATMAN". DIE TATSACHE, DASS SIE HIER SIND, BEWEIST WOHL, DASS ER SO WAS WIE EIN GEWISSEN HAT.
ODER ER IST EINFACH NUR AUF GUTE PRESSE AUS.
WIE LANGE MUSS ICH HIERBLEIBEN?
EIN PAAR TAGE. DANN KÖNNEN SIE SICH WIEDER DAS GIFT SPRITZEN, DAS FAST GESCHAFFT HÄTTE, WAS DIESE SCHLÄGER NICHT GESCHAFFT HABEN.
„BATMAN"? DAS WAR KEIN MENSCH... ER WAR ETWAS ANDERES... ETWAS GRÖSSERES...
NA KLAR, SO IST ER IHNEN VORGEKOMMEN... ABER DA GIBT ES NICHTS ZU VERHERRLICHEN...
ICH WEISS NICHT... ER HAT MICH GERETTET.
MEIN GOTT, ER WAR SO GROSS...
ER WIRD IHNEN VIEL KLEINER VORKOMMEN, WENN SIE ERST MAL VON IHRER DROGENEUPHORIE RUNTER SIND, MISTER... ACKERS. ABER WIR WERDEN WOHL KAUM DAS VERGNÜGEN HABEN, SIE SO LANGE BEI UNS ZU BEHALTEN.
ICH WEISS NICHT, DOKTOR...
ICH MUSS ÜBER EINIGES NACHDENKEN...

SCHWESTER, SIE WISSEN, WO ICH HEUTE ABEND ZU ERREICHEN BIN. SIE WERDEN MORGEN WOHL WIEDER WEG SEIN, MR. ACKERS.
SIE HAT MILLIONEN TYPEN WIE MICH GESEHEN. WIESO BIN ICH ANDERS?
WIESO HAT ER MICH ERWÄHLT?
ETWAS NEUES IN DER KLINIK, LESLIE?
NUR DER TÄGLICHE STRESS, BRUCE.
WIEDER EIN DROGENSÜCHTIGER... AUSGERECHNET DIESER BATMAN HAT IHN GEBRACHT... ABER ER WIRD JETZT WOHL SCHON WIEDER AUF DER STRASSE SEIN UND BETTELN, UM DROGEN KAUFEN ZU KÖNNEN.
DEN KAFFEE NEHMEN WIR IM ARBEITSZIMMER, ALFRED.
SEHR WOHL, SIR.
WARUM VERLÄSST DU DIE ARMENKLINIK NICHT, LESLIE? ICH BESORGE DIR EINE ANSTELLUNG IN EINEM GUTEN KRANKENHAUS. DAS WILLST DU DOCH.
NOCH NICHT, BRUCE. ICH HABE DORT NOCH ZU TUN.
ACH JA? DU KLINGST, ALS HÄTTEST DU DIE NASE VOLL.
ICH HABE DEN GLAUBEN NOCH NICHT VERLOREN. DIESEN JUNKIE KANN ICH BESTIMMT NICHT MEHR RETTEN...
... ABER ICH BIN FEST DAVON ÜBERZEUGT, DASS ES FÜR ANDERE NOCH HOFFNUNG GIBT... DU BIST DER BESTE BEWEIS DAFÜR.
ICH?
NATÜRLICH, BRUCE. ES WÄRE SO EINFACH FÜR DICH GEWESEN, DICH EINFACH AUFZUGEBEN...

"... NACH DIESEM SCHRECKLICHEN ABEND."
MACHT MAL ZU, ICH HAB NICHT EWIG ZEIT...!
ICH BIN THOMPKINS VOM JUGENDAMT...
SIE WOLLEN DEN JUNGEN HOLEN? DER MUSS HIER IRGENDWO SEIN...
ICH SUCHE IHN.
HE, DAS WAR THOMAS WAYNE!
MACHSTE WITZE? DER MILLIONÄR?
STEHT JEDENFALLS HIER.
DIE VIELE KNETE HILFT IHM JETZT AUCH NICHT MEHR...
TJA, WENN ER SIE NICHT MEHR AUSGEBEN KANN...
HEH HEH HEH
BRUCE? ICH BIN LESLIE. DU KOMMST BESSER MIT MIR.
GEHT NICHT. ICH MUSS BEI MEINEN ELTERN BLEIBEN.
DU KANNST NICHTS MEHR FÜR SIE TUN, BRUCE.
ABER ICH...
SCHON GUT, WEIN DICH AUS. ICH HEISSE LESLIE. BITTE KOMME MIT MIR. ICH WERDE TUN, WAS ICH KANN.
„ES TUT MIR LEID, BRUCE. ICH WOLLTE DAS NICHT WIEDER AUFWÜHLEN..."

ALS OB ICH ES JEMALS VERGESSEN KÖNNTE, LESLIE...
NEIN, DAS MEINE ICH NICHT. DU HÄTTEST VERZWEIFELN KÖNNEN... ODER DROGEN NEHMEN KÖNNEN... DICH AUFGEBEN KÖNNEN, WIE DIESER JUNGE HEUTE IM KRANKENHAUS.
ABER DU BIST ZU EINEM ANSTÄNDIGEN JUNGEN MANN HERANGEWACHSEN, BRUCE.
DEIN VATER WÄRE SEHR STOLZ.
VIELLEICHT WÜRDE ER ANDERS DENKEN, WENN ER WÜSSTE, WAS ICH FÜR MEINE VERGNÜGUNGEN AUSGEBE.
ICH MEINE ES ERNST. DIESER SCHRECKLICHE „BATMAN" IST EIN SYMPTOM DAFÜR, WAS MIT GOTHAM SCHIEFGEGANGEN IST. DIESER JUNKIE HEUTE IST EIN ANDERES. ABER DU...
ICH MACHE DICH VERLEGEN. VERZEIH MIR. GUTE NACHT, BRUCE.
GUTE NACHT, LESLIE. SCHÖN, DASS DU HIER WARST.
ICH BIN AUSNAHMSWEISE EINMAL FROH, DASS DR. THOMPKINS GING, SIR. SIE KAM DER WAHRHEIT SEHR NAHE...
SIE DARF ES NIE ERFAHREN, ALFRED. NIE.
NATÜRLICH, SIR. ICH NEHME AN, ICH SOLLTE IHNEN DIE ARBEITSKLEIDUNG UND NICHT DEN SCHLAFANZUG HERAUSLEGEN?
JA. ES IST ZWAR GANZ NETT, ES DIESEN SCHLÄGERN MIT GLEICHER MÜNZE HEIMZUZAHLEN...
...ABER ICH MUSS TROTZDEM ETWAS GEGEN IHREN BOSS IN DIE HAND BEKOMMEN. WENN COSTAS AUS DEM VERKEHR GEZOGEN IST, WIRD GOTHAM FÜR EINE WEILE NICHT MEHR MIT DROGEN ÜBERSCHWEMMT WERDEN.
BIS IHN EIN EXEMPLAR AUF NOCH NIEDRIGERER EVOLUTIONÄRER STUFE ERSETZT.

JUSTITIAS MÜHLEN MAHLEN LANGSAM, ALFRED. DIE VIER SCHLÄGER, DIE DEN SÜCHTIGEN INS KRANKENHAUS GEBRACHT HABEN, SIND SCHON WIEDER AUF KAUTION DRAUSSEN.
SIE HABEN BESTIMMT MEHR ANGST VOR DIESEM COSTAS ALS VOR EINER KURZEN HAFTSTRAFE.
Vielleicht kann ich ihnen Angst vor etwas anderem einjagen.
NOCH IMMER HIER, MR. ACKERS?
SIE SIND DOCH AUCH NOCH HIER, ODER?
GOTHAM MEMORIAL HOSPITAL DROGENMISSBRAUCH
DR. THOMPKINS IST FAST IMMER HIER. WENN SIE DOCH NUR EINEN FREUND ODER SO HÄTTE... DAS WÜRDE MEIN LEBEN VIEL EINFACHER MACHEN.
DAS?
ETWAS, DAMIT SIE SCHLAFEN KÖNNEN.
ICH WEISS NICHT, OB ICH SCHLAFEN WILL.
SIE MÜSSEN ABER.

DIE WIRKUNG DER SCHMERZMITTEL LÄSST NACH... JETZT BEGINNT DER ENTZUG.
WENN SIE DAS WIRKLICH DURCHSTEHEN WOLLEN, BRAUCHEN SIE ALL IHRE KRAFT.
ALLEIN BIN ICH NIE DAVON LOSGEKOMMEN. OKAY, DOKTOR THOMPKINS...
...ICH VERSUCH'S AUF IHRE WEISE...
DEINE WEISE FRUCHTET NICHTS, JOHN.
WAS...?
DU... UND DIE, DIE WIE DU SIND... HABEN EURE STÄDTE IN SCHMUTZ VERWANDELT... EURE STRASSEN IN ABWASSERKANÄLE...
EURE STÄDTE STERBEN... WEGEN EUCH.
WER BIST DU? WARUM ZEIGST DU MIR DAS?
ICH UND MEIN ZWECK SIND EIN UND DASSELBE.

GERECHTIGKEIT.
DU HAST MEINEN ZORN VERDIENT, JOHN ACKERS, ABER SCHÄTZE DICH GLÜCKLICH... ICH HABE DICH VERSCHONT.
W-WOVOR?
VOR DER SCHWÄRENDEN WELT, DIE DU GESCHAFFEN HÄTTEST. VOR DEM TOD UND DEN QUALEN, DIE DU VERDIENT HÄTTEST.
LASS MICH NICHT LOS... BITTE...!
NEIN... SOLANGE DU MIR DIENST. DAS IST MEIN WILLE UND DEIN ZWECK.
ABER WIE? WIE KANN ICH DIR DIENEN?

DU ERFÄHRST JETZT...
ALLEIN BIST DU NICHTS... MACHTLOS.
...WEISHEIT.
ABER ICH GEBE DIR MACHT. DURCH DICH WIRD MEINE MACHT ÜBERALL IN DIESEM UN-GLÄUBIGEN LAND WAHRGENOMMEN WERDEN.
NEEIIIN...!
IN MEINEM NAMEN WIRST DU MEINE STADT LÄUTERN.
JA!
JA...

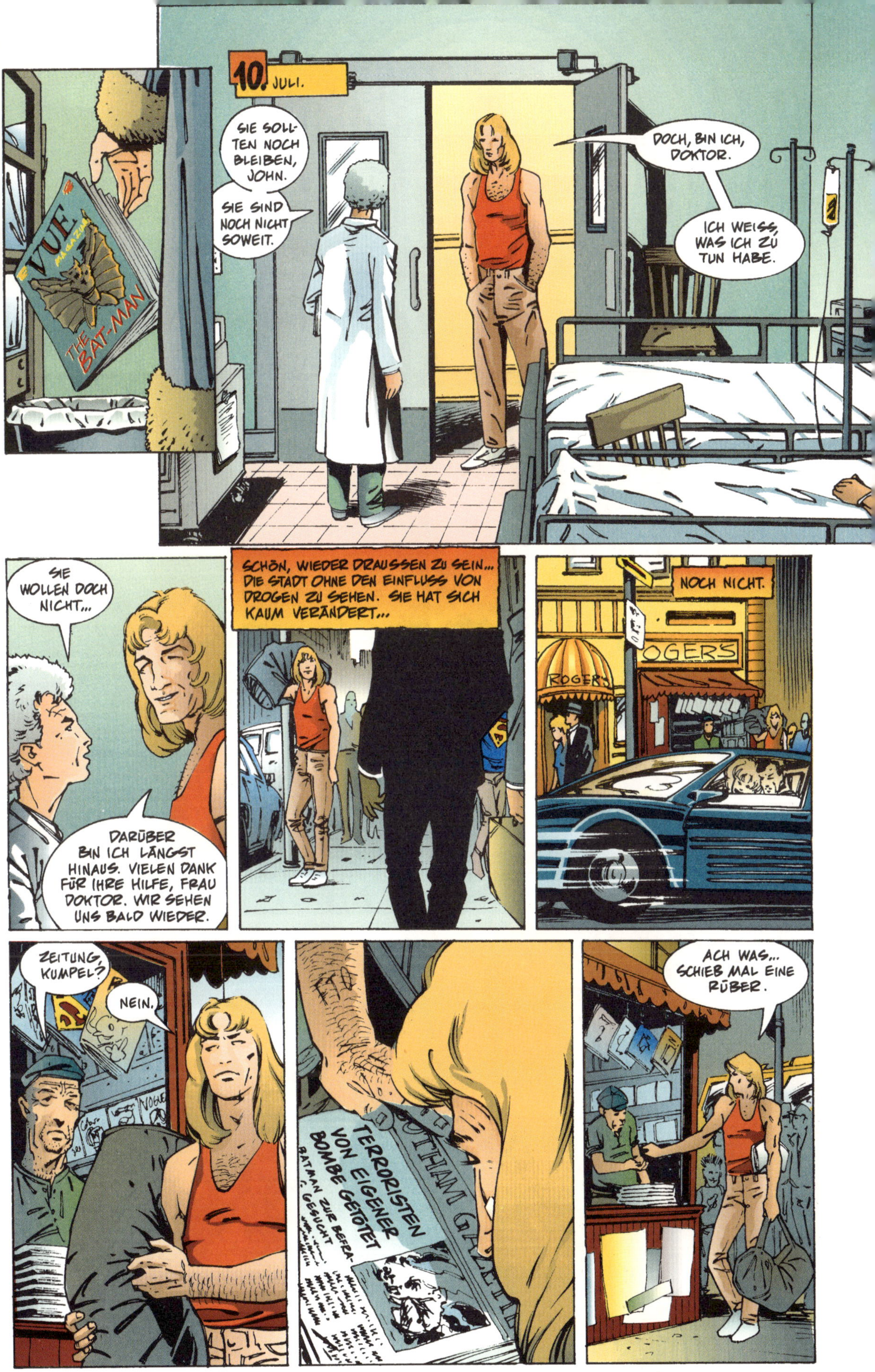

VUE MAGAZINE
THE BAT-MAN
10. JULI.
SIE SOLLTEN NOCH BLEIBEN, JOHN.
SIE SIND NOCH NICHT SOWEIT.
DOCH, BIN ICH, DOKTOR.
ICH WEISS, WAS ICH ZU TUN HABE.
SIE WOLLEN DOCH NICHT...
DARÜBER BIN ICH LÄNGST HINAUS. VIELEN DANK FÜR IHRE HILFE, FRAU DOKTOR. WIR SEHEN UNS BALD WIEDER.
SCHÖN, WIEDER DRAUSSEN ZU SEIN... DIE STADT OHNE DEN EINFLUSS VON DROGEN ZU SEHEN. SIE HAT SICH KAUM VERÄNDERT...
NOCH NICHT.
ROGER'S
OGERS
ZEITUNG, KUMPEL?
NEIN.
GOTHAM GAZETTE
TERRORISTEN VON EIGENER BOMBE GETÖTET
BATMAN ZUR BEFRAGUNG GESUCHT
ACH WAS... SCHIEB MAL EINE RÜBER.

19. JULI.
SCHON BALD MACHE ICH MEINEN ERSTEN ZUG. ICH WEISS, WO ALL DIE SCHWACHEN ANKOMMEN... AM SELBEN ORT, AN DEM ICH ANGEKOMMEN BIN.
GOTHAM
HE, DU DA...
WAS..?
ICH HAB DICH NOCH NIE GESEHEN ... ABER ICH KENNE DICH. DU SUCHST 'NE BLEIBE, WAS?
WAS ZU ESSEN?
EIN BETT?
ICH KANN DIR DAS ALLES GEBEN.
NEIN DANKE, ICH...
HÖR LIEBER AUF IHN!
NEIN, IHR HÖRT ZU. LASST IHN IN RUHE!
LASS DAS DING FALLEN, ODER ICH SCHIEB'S DIR IN DEN...
O GOTT...!
WHAKK
CRAKK
Agggh...!
DU KOMMST DIREKT AUS DEM BUS, WAS?
WOHER WEISST DU DAS?
KAM AUCH MIT DEM BUS.
ER HEISST BILLY. VIELLEICHT KOMMT ER MIT, WEIL ICH IHN NICHT DAZU ZWINGE...

... UND ER IST NUR DER ERSTE. KINDER, SOGAR AUSREISSER, BRAUCHEN EINE GEWISSE FÜHRUNG, EINE GEWISSE DISZIPLIN. ICH GEBE SIE IHNEN.
BILLY GEHT HERVORRAGEND MIT IHNEN UM. SIE ERZÄHLEN IHM SACHEN, DIE SIE MIR NIE SAGEN WÜRDEN, BESCHWERDEN UND SO. WENN ER MEINT, ICH MÜSSTE ES WISSEN, SAGT ER ES MIR.
UNSER ERSTER GROSSER EINSATZ ERFOLGT GEGEN EIN PAAR PUNKS, DIE EINEN LEBENSMITTELLADEN AUSRAUBEN WOLLEN. WIR KÜMMERN UNS UM SIE.
DIE POLIZEI IST NICHT BEGEISTERT, ALS SIE VON UNS ERFÄHRT. ABER WIR SIND VON IHR AUCH NICHT ALLZU BEGEISTERT.
SAL'S GROCERIE
POLICE
DER LADENBESITZER IST SO DANKBAR, DASS ER UNS IN EINEM HAUS WOHNEN LÄSST, DAS IHM GEHÖRT. ES IST ZIEMLICH RUNTERGEKOMMEN...
... ABER DAS IST NICHTS NEUES... FÜR KEINEN VON UNS.

NICHT ALLE, DIE WIR AUFNEHMEN, SCHAFFEN ES... MANCHE BEGREIFEN NICHT, WAS FÜR EINE CHANCE WIR IHNEN BIETEN.
ABER DIE ANDEREN WISSEN, WOHIN SIE GEHÖREN.
ICH FRAGE MICH MANCHMAL, OB ER ES WEISS. ABER JA... ER MUSS ES WISSEN.
DANN FRAGE ICH MICH, WAS ER DENKT.
28. JULI.
ICH WEISS, WAS ANDERE DENKEN.
VERSCHWINDET VON HIER. AUF DER STELLE.
ABER DOKTOR THOMPKINS...
... SIE HABEN MICH GEBETEN, MIT IHREN PATIENTEN ZU SPRECHEN, IHNEN ZU SAGEN, WIE ICH...
DAS WAR, BEVOR ICH WUSSTE, DASS IHR HINTER DIESER... DIESER TRUPPE STECKT... DIESEM HEER, DAS DIESEN BATMAN VERHERRLICHT.
EMEI
LASSEN SIE MICH WENIGSTENS DAS DARLEHEN ZURÜCKZAHLEN, DAS SIE...
ICH WILL NICHTS MEHR MIT EUCH ZU TUN HABEN!

SIE VERSTEHT ES AUCH NICHT. ICH FRAGE MICH, OB ES JEMAND VERSTEHT... AUSSER IHM NATÜRLICH.
MISTER JOHN ACKERS?
JA...
POLIZEI, MISTER ACKERS. WIR MÖCHTEN UNS MIT IHNEN UNTERHALTEN.
JOHN, GEH NICHT MIT. WAS, WENN SIE...?
KEINE ANGST, BILLY. MIR PASSIERT SCHON NICHTS.
ES IST EINE KURZE FAHRT. ICH HABE NICHT UNBEDINGT DAMIT GERECHNET, IM PRÄSIDIUM ZU LANDEN, WAR ABER AUCH NICHT BESONDERS ÜBERRASCHT.
SETZEN SIE SICH NICHT, ACKERS. SO LANGE BLEIBEN SIE NICHT.
DAS WEISS ICH ZU SCHÄTZEN, CAPTAIN. ICH HABE VIEL ZU TUN.
DAS GLAUBE ICH IHNEN... SIE ORGANISIEREN VIGILANTENTRUPPS, TERRORISIEREN BÜRGER UND UNTERGRABEN DAS VERTRAUEN DER ÖFFENTLICHKEIT IN DIE POLIZEI.
WIR HABEN GESETZE GEGEN SO ETWAS.
UND GELTEN SIE AUCH FÜR DEN BATMAN, CAPTAIN?
IN GOTHAM GELTEN DIE GESETZE FÜR JEDEN.
DANN KÖNNEN SIE UNS AUS DEM VERKEHR ZIEHEN, SOBALD SIE IHN AUS DEM VERKEHR GEZOGEN HABEN. WENN EINER VON UNS AUFHÖRT, HÖRT DER ANDERE AUCH AUF.
PASSEN SIE GUT AUF SICH AUF, MISTER ACKERS. NEHMEN SIE DEN MUND NICHT ZU VOLL.
DANKE, CAPTAIN.
ER HAT MIR DEN BLUFF ABGENOMMEN. ICH HABE ES GEWUSST! BATMAN UNTERSTÜTZT UNS!

Verdammt, ich habe gewußt, daß es soweit kommen würde. Indem wir einen Vigilanten dulden, haben wir alle Schleusen geöffnet.
Sie alle werden glauben, irgendeine göttliche Legitimation für ihre Taten zu haben. Jeder wird die gleichen Rechte verlangen, die wir ihm gewähren.
Das kann ich nicht zulassen. Nicht in dieser Stadt. Und wenn es heißt, ein Heer von Vigilanten oder keiner...
... werde ich keinen dulden.
Hoffentlich kommt es nicht soweit.
EXIT
ALLES IN ORDNUNG, JOHN?
WIR HABEN UNS SORGEN GEMACHT...
WIESO DENN, RICO? JETZT IST ALLES KLAR. SIE KOMMEN NICHT AN UNS RAN. GENAUSOWENIG, WIE SIE AN IHN RANKOMMEN.
JOHN, ES IST SOWEIT!
SANTOS HAT SICH GEMELDET. UNSER ZIELOBJEKT IST WIEDER DA.
ICH HABE GEWUSST, DASS ER ZURÜCKKOMMEN WIRD. TROMMLE DIE JUNGS ZUSAMMEN. IHRE FEUERTAUFE STEHT BEVOR.

DIE PUSHER HABEN DIESE VERLASSENEN HÄUSER ÜBERNOMMEN, WIE DIE WÜSTE GEISTERSTÄDTE ZURÜCKFORDERT. ICH WILL SIE ALLE VERTREIBEN...
ABER EINEN WILL ICH GANZ BESONDERS.
NEHMT DIE BEOBACHTUNGSPOSTEN EIN. GREIFT NUR AUF MEIN ZEICHEN EIN. BILLY...
... DU KOMMST MIT.
KLAR.
DAS IST ER. „TWITCH" NENNEN SIE IHN. ER HAT MIR NICHT NUR DEN STOFF VERKAUFT, DER MICH FAST UMGEBRACHT HAT...
... ER ARBEITET AUCH FÜR COSTAS.
KOMMT MIT...
KLAR.
Irgendwann mußten sich unsere Wege mal kreuzen.
Aber warum jetzt? Endlich habe ich diesen Pusher aufgetrieben. Ich muß auf seiner Spur bleiben...
Das ist kein Spiel für Amateure. Wenn ich jetzt auch noch auf sie aufpassen muß, ist eine neue Variable in die Gleichung gekommen.
Aber ich kann nichts daran ändern. Ihnen darf nichts passieren.

Früher haben hier anständige Leute gewohnt... Familien... in Sicherheit und Frieden...
Sie werden wieder hier wohnen... sobald ich die, die nicht hierher gehören, die nichts auf Anstand geben, vertrieben habe.
ICH HABE GEWARTET.
GAHHHH!
W-WAS HAST DU HIER ZU SUCHEN?
WIR HABEN EINE VERABREDUNG, TWITCH. OB ES DIR NUN PASST ODER NICHT...

ICH WÜRDE IHN ÜBERALL ERKENNEN. ICH HASSE SAMMY NICHT SO SEHR WIE COSTAS, ABER FAST.
ER GEHT AUF DIE ANDERE STRASSEN-SEITE!
WARUM?
WARUM HAT COSTAS DEINEN LOHN WOHL AUSGE-RECHNET HIER VERSTECKT, TWITCH?
KEINE AHNUNG! GIB MIR DAS MOOS EIN-FACH, JA? WIR MACHEN HALBE-HALBE...
WAS SOLL DAS? ICH...
COSTAS HAT DICH ALS KÖDER FÜR EINE FALLE HIERHERGE-SCHICKT! DIR IST NICHT ZUFÄLLIG DER SPORT-WAGEN AUF DER STRASSE AUFGEFALLEN?
ICH BEMERKE SO ETWAS, TWITCH. DESHALB WIRST DU AUCH ÜBERLEBEN... UND GEGEN IHN AUS-SAGEN. ENTSPANNE DICH. EINE ZIGARETTE? DEM NIKOTIN AN DEINEN FINGERN ZUFOLGE RAUCHST DU KETTE.
S-SIE HABEN MIR G-GE-SAGT, NICHT ZU RAUCHEN. NICHT MAL STREICHHÖLZER MITZUNEHMEN...
GEHEN WIR.
HUH? WAS IST DA LOS?!
Ich habe die wichtigste Lektion vergessen, die Harvey Harris mir je beigebracht hat...

ER IST DA DRIN. SEID LEISE...
SPWEEE
„Dein größter Feind ist übermäßiges Selbstvertrauen."
CRISSH
ZINNG
BAWOOSH!

Twitch... ist er...?
Tot...
DA IST ER! NAGELT IHN FEST!
KRAK
KRAK
KRAK
Wenn ich Costas haben will, muß ich noch näher an ihn herankommen.
FSSSSSSGT
Gaaak
Aggggh
SIE SIND DA DRIN! LOS!

ES IST SCHIEFGE-LAUFEN! MACHEN WIR DIE MÜCKE, BEVOR...
Unnnh!
AUF SIE!
WHUD
Gahhg...!
IHR HABT IN DEN MEDIEN FÜR ZIEMLICHES AUFSEHEN GE-SORGT... ABER DAS BEEIN-DRUCKT MICH MEHR!
DANKE. NUR AUF IHRE MEINUNG KOMMT ES UNS AN.
GUTE ARBEIT, MEIN SOHN. MACHT WEITER SO.
J- JAWOHL, SIR. SOLL ICH DIE BULLEN RUFEN?

DIE POLIZEI WIRD JEDEN AUGENBLICK HIER SEIN. ABER COSTAS BEZAHLT DIESE JUNGS ZU GUT, ALS DASS SIE IHN VERPFEIFEN WÜRDEN. BEI EINEM KLEINEREN FISCH WIE TWITCH WÄRE ES VIELLEICHT ANDERS GEWESEN.
SIE WERDEN NICHT AUSSAGEN?
SIE HABEN ZUVIEL ANGST, BILLY.
COSTAS WÜRDE MIT IHNEN SCHLIMMERES ANSTELLEN ALS DAS GESETZ, MEIN SOHN.
DAFÜR SIND WIR DA... WENN DAS GESETZ NICHTS AUSRICHTEN KANN.
DIE BULLEN KOMMEN, JOHN!
DANKE, MARCO...
... WIR ZIEHEN LIEBER LEINE.
DIE MEDIEN HABEN ÜBER DIE BETEILIGUNG DER SELBSTERNANNTEN „BAT-MEN" BEI DER HEUTIGEN ESKAPADE BERICHTET, SIR...

ICH VERMUTE, SIE HABEN DIE GELEGENHEIT GENUTZT, SIE ZURECHTZUWEISEN, SIR?
ICH HATTE ES VOR, ALFRED... ICH DACHTE, ES WÄRE ERFORDERLICH...
SIR?
OH, SIE SIND NICHT EINMAL ANNÄHERND SOWEIT...
ABER ES GAB EINE ZEIT, IN DER ICH DAS AUCH NICHT WAR. ZUM ERSTEN MAL HATTE ICH DAS GEFÜHL, DA DRAUSSEN NICHT ALLEIN ZU SEIN, ALFRED.
ES HAT MIR GEFALLEN.
ACH JA, FRAU DOKTOR THOMPKINS HAT ANGERUFEN.
ICH RUFE SIE MORGEN ZURÜCK.
ICH HABE GENAU GEHÖRT, WAS ER GESAGT HAT: „DAFÜR SIND WIR DA... WENN DAS GESETZ NICHTS AUSRICHTEN KANN."
ER HÄTTE ES NICHT DEUTLICHER SAGEN KÖNNEN.
ER WILL, DASS ICH COSTAS TÖTE. UM ZU BEWEISEN...
...DASS ICH SEINER WÜRDIG BIN. MEINE LETZTE PRÜFUNG.
UND ICH WERDE IHN NICHT ENTTÄUSCHEN.

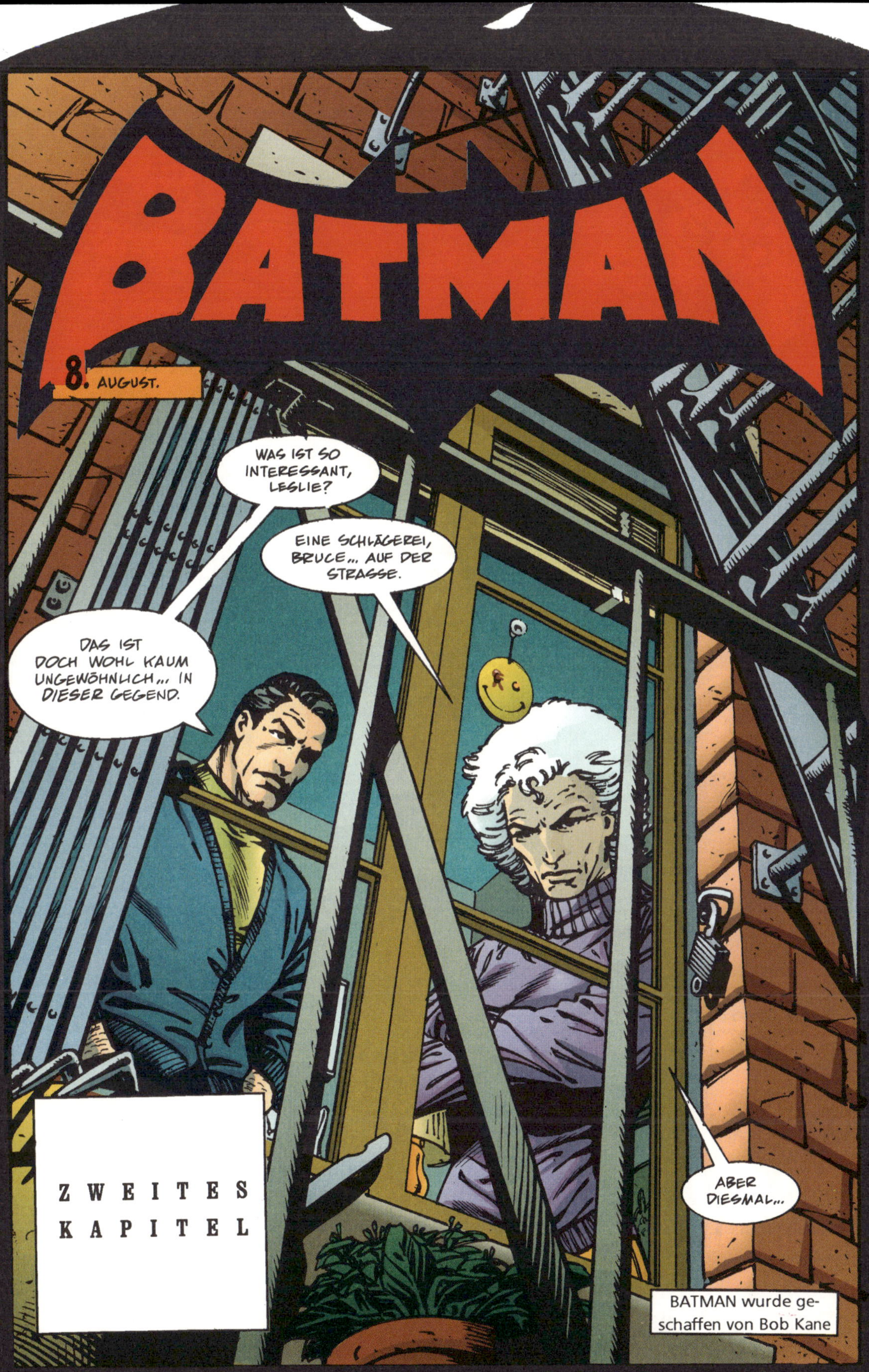
BATMAN
8. AUGUST.
WAS IST SO INTERESSANT, LESLIE?
EINE SCHLÄGEREI, BRUCE... AUF DER STRASSE.
DAS IST DOCH WOHL KAUM UNGEWÖHNLICH... IN DIESER GEGEND.
ZWEITES KAPITEL
ABER DIESMAL...
BATMAN wurde geschaffen von Bob Kane

„... IST ES EINE SCHLÄGEREI ZWISCHEN EINER BANDE VON KLEINEN DROGENHÄNDLERN UND DIESEN SCHRECKLICHEN „BAT-MEN". ICH WEISS NICHT, ZU WEM ICH HALTEN SOLL."
„VIELLEICHT MACHEN SIE SICH EINFACH GEGENSEITIG FERTIG."
„... ABER DAS WÄRE ZU SCHÖN, UM WAHR ZU SEIN, ODER, BRUCE?"
„WAHRSCHEINLICH, LESLIE, ABER..."
KRISSH
VOR-SICHT!
OH!
„IST DIR WAS PASSIERT, LESLIE?"
„NEIN. DANKE, BRUCE."
„HAT DIE POLIZEI ALLES UNTER KONTROLLE?"
„DEN ERSTEN KRAWALL SCHON... ABER ES KÖNNTE EINEN ZWEITEN GEBEN."
WAGT ES JA NICHT, DIESE JUNGS ZU VERHAFTEN!
AUS DEM WEG, LADY...
WARUM LASST IHR DIE JUNGS NICHT IN RUHE? DIE VERTREIBEN DOCH NUR DIE PUSHER AUS DEM VIERTEL!
JA, GENAU!
GANZ RECHT!

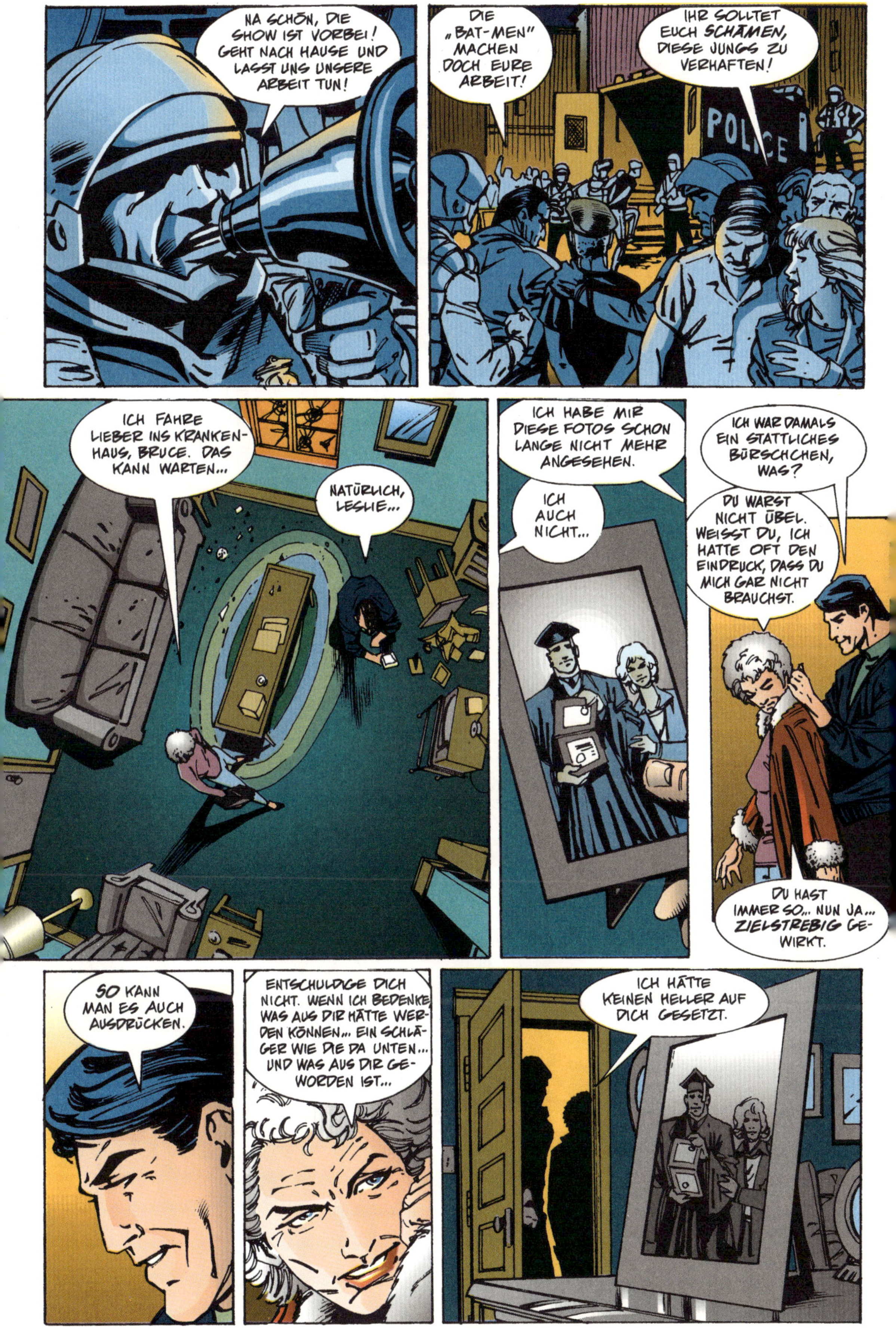
NA SCHÖN, DIE SHOW IST VORBEI! GEHT NACH HAUSE UND LASST UNS UNSERE ARBEIT TUN!
DIE „BAT-MEN" MACHEN DOCH EURE ARBEIT!
IHR SOLLTET EUCH SCHÄMEN, DIESE JUNGS ZU VERHAFTEN!
POLICE
ICH FAHRE LIEBER INS KRANKENHAUS, BRUCE. DAS KANN WARTEN...
NATÜRLICH, LESLIE...
ICH HABE MIR DIESE FOTOS SCHON LANGE NICHT MEHR ANGESEHEN.
ICH AUCH NICHT...
ICH WAR DAMALS EIN STATTLICHES BÜRSCHCHEN, WAS?
DU WARST NICHT ÜBEL. WEISST DU, ICH HATTE OFT DEN EINDRUCK, DASS DU MICH GAR NICHT BRAUCHST.
DU HAST IMMER SO... NUN JA... ZIELSTREBIG GEWIRKT.
SO KANN MAN ES AUCH AUSDRÜCKEN.
ENTSCHULDIGE DICH NICHT. WENN ICH BEDENKE WAS AUS DIR HÄTTE WERDEN KÖNNEN... EIN SCHLÄGER WIE DIE DA UNTEN... UND WAS AUS DIR GEWORDEN IST...
ICH HÄTTE KEINEN HELLER AUF DICH GESETZT.

NÄHER KOMMEN WIR WOHL NICHT HERAN, LESLIE... LESLIE?
TUT MIR LEID...
AMBULANCE
EMT
AMB
EMT
SCHON GUT. WENN DICH ETWAS BESCHÄFTIGT, SOLLTEST DU ES MIR SAGEN.
ICH DACHTE AN DIESE ARMEN „BAT-MEN"...
ICH HÄTTE NICHT SO WÜTEND AUF SIE SEIN SOLLEN. SIE SIND NUR EIN SYMPTOM...
... EIN SYMPTOM DER GEWALT, DIE DIESER BATMAN VERHERRLICHT.
„ABER WENN ICH BEDENKE, DASS DER ORGANISATOR DIESER ‚BAT-MEN' MEIN PATIENT WAR..."
„LESLIE..."
DU DARFST DIR KEINE VORWÜRFE MACHEN. JEDER TRIFFT SEINE EIGENEN ENTSCHEIDUNGEN...
DU HAST WOHL RECHT, BRUCE, ABER TROTZDEM...
NA JA, DANKE FÜR DEN WEIN UND DAS BRINGEN. VIELLEICHT KÖNNEN WIR BEIM NÄCHSTEN MAL UNGESTÖRT ZU ABEND ESSEN.
GUTE NACHT, ALFRED. DANKE FÜRS MITNEHMEN.
GERN GESCHEHN, FRAU DOKTOR.
NACH HAUSE, MASTER BRUCE? SIE MÜSSEN DIE NEUE LIEFERUNG KRIMINOLOGISCHER FACHBÜCHER NOCH KATALOGISIEREN, UND...
DAS MUSS WARTEN, ALFRED.

ICH MUSS JEMANDEM EINEN GESCHÄFTLICHEN BESUCH ABSTATTEN.
NEHMEN SIE DEN REST DES ABENDS FREI.
DANKE, SIR. ICH...
... WERDE MIR DIE RITZ-BROTHERS-RETROSPEKTIVE IM BIJOU ANSEHEN.
Daß Leslie die „Bat-Men" nicht leiden kann... ganz zu schweigen von mir... ist eine persönliche Meinung...
... aber wenn Captain Gordon etwas gegen sie hat, wird es in dieser Stadt fast zum Gesetz.
Er hat sich lange nicht gemeldet...
... wahrscheinlich vermutet er, daß es eine Verbindung gibt.
CAPTAIN...
ICH HABE MICH GEFRAGT, WER VON UNS ZUERST WEICH WIRD, BATMAN...

DIESMAL WARST DU ES.
WENN DU GLAUBST, DAMIT EINE RUNDE GEWONNEN ZU HABEN ... PRIMA ...
ABER WIR HABEN FÜR SOLCHE SPITZFINDIGKEITEN EIGENTLICH KEINE ZEIT...
ALLERDINGS.
Er wird es sagen. Ich werde ihn dazu bringen.
HAT DER STADTRAT ES WIEDER AUF DICH ABGESEHEN?
KEINESWEGS... ABER DIESE BEHÖRDE KANN VIGILANTEN EINFACH NICHT BEVORZUGT BEHANDELN.
ALSO GEHT ES UM DIE „BAT-MEN"?
Er hat es gesagt. Er hat das Unaussprechliche endlich ausgesprochen.
STREITEST DU AB, DASS DU SIE UNTERSTÜTZT?
SAGEN WIR MAL, WIR SITZEN IM SELBEN BOOT, CAPTAIN.
ICH HÄTTE DICH FÜR VERNÜNFTIGER GEHALTEN. BEGREIFST DU NICHT, DASS DU DAS LEBEN DIESER KINDER IN GEFAHR BRINGST?
DIESE „KINDER" KENNEN DAS RISIKO. SIE WISSEN, WAS AUF DEM SPIEL STEHT.
ES SIND KINDER, DIE DIE SACHE FÜR EIN GROSSES ABENTEUER HALTEN UND SICH DANN IM JUGENDSTRAFVOLLZUG WIEDERFINDEN...
... ODER SONSTWO.
SO KOMMEN WIR NICHT WEITER, CAPTAIN.
NEIN. ABER WENN DU SCHON MAL DA BIST, KANN ICH DIR DIREKT SAGEN, DASS WIR HEUTE ABEND GEGEN COSTAS ZUSCHLAGEN.

MIR SAGEN? WARUM?
WEIL DU UND DEINE „BAT-MEN" INTERESSE AN COSTAS GEZEIGT HABEN. EIN PAAR SEINER JUNGS LIEGEN NOCH IMMER FLACH. *WIR* HABEN COSTAS KEINESWEGS IGNORIERT...
SOLLTEST DU IN DER NÄHE SEIN, KÖNNTEN EINIGE MEINER JUNGS DAS ALS *EINMISCHUNG* BETRACHTEN. MANCHE HABEN NOCH IMMER STARKE VORBEHALTE GEGEN EUCH.
IST DAS AUCH DEINE MEINUNG, CAPTAIN?
ICH KANN DICH OFFIZIELL NICHT UNTERSTÜTZEN... DAS WEISST DU. WAS AUCH PASSIERT, ES GEHT AUF DEINE KAPPE.
DAS WEISS ICH EBENFALLS.
Aber was wird er sagen, wenn eins dieser Kinder umkommt? Interessiert ihn das überhaupt?
IHR BRAUCHT UNS NICHT NACH HAUSE ZU BRINGEN. IN DIESEM VIERTEL IST ES JETZT DOCH WIEDER SICHER.
ES MACHT KEINE MÜHE, MA'AM.
NICHT DIE GERINGSTE.
GOTT SEGNE EUCH.

HÖR DOCH...
ICH HABE GETAN, WAS DU WILLST... WAS DU GESAGT HAST...
WIR MACHEN DIE STRASSEN SICHER... ALLES IST ANDERS GEWORDEN...
BESTENFALLS EIN SCHWACHER UNTERSCHIED, JOHN ACKERS...
DEINE BEMÜHUNGEN SIND SINNLOS WIE EIN VERBAND AUF EINEM TUMOR. DIE STADT VERFAULT NOCH IMMER.
WAS SOLL ICH DENN NOCH TUN? SAG'S MIR DOCH!
DAS BÖSE, DAS ICH BEKÄMPFE, WIRFT EINEN LANGEN SCHATTEN, IST ABER GANZ KLEIN...

...DA!
SIE FLIEHEN, ABER ES IST SINNLOS. SIE SIND SO UNBARMHERZIG WIE INSEKTEN...
...UND WERDEN DASSELBE SCHICKSAL ERLEIDEN.
COSTAS GEHÖRT DIR.
ENTTÄUSCHE MICH NICHT.
N-NEIN... NEIN...
?
Gakhhg...!

DU MUSST NICHT SEHR ...
JOHN, IST ALLES...
O GOTT!
JOHN HAT SCHLECHT GETRÄUMT. DU HEISST BILLY, NICHT WAHR?
J-JA, SIR...
DU HAST GUTE REFLEXE. JOHN SOLLTE STOLZ AUF DICH SEIN.
BIN ICH AUCH. GEH RUHIG, BILLY. ES IST ALLES IN ORDNUNG.
KLAR, JOHN...
JA, SIR...
SIE SIND ZUM ERSTEN MAL HIER. WOLLEN SIE UNSER HAUPTQUARTIER SEHEN?
EIN ANDERMAL. WIR MÜSSEN ÜBER COSTAS SPRECHEN.
IHR MÜSST IHN IN RUHE LASSEN.
WAS?
GORDON UND SEINE MÄNNER NEHMEN IHN DIESE NACHT HOCH. WENN IHR IN DER NÄHE SEID, NAGELN SIE EUCH AUCH FEST.
ICH STELLE IHRE BEFEHLE NICHT IN FRAGE, ABER...
GUT.

COSTAS BEKOMMT, WAS ER VERDIENT. ES GIBT KEINEN GRUND, WESHALB IHR MIT IHM UNTERGEHEN SOLLTET.
NEIN, WOHL KAUM.
HAST DU DIESE TRÄUME ÖFTER?
ES SIND WOHL NUR TRÄUME... WENN MAN MANCHMAL AUCH NICHT SAGEN KANN, WO DIE TRÄUME AUFHÖREN...
... UND DIE ERINNERUNGEN ANFANGEN...

BILLY!
JA, JOHN?
TROMMLE UNSERE BESTEN LEUTE ZUSAMMEN.
WIR MÜSSEN HEUTE NOCH ETWAS ERLEDIGEN.
KLAR.
ÄH... IST ER NOCH HIER?
BATMAN? ER IST WEG.
MANN. ICH HAB IHN GAR NICHT GEHEN SEHEN.
DU HAST IHN AUCH NICHT KOMMEN SEHEN.
ÄH... NEIN.
TROMMLE DIE JUNGS ZUSAMMEN, BILLY. SIE SOLLEN AUF MEINE ANWEISUNGEN WARTEN.
KLAR.
DU BIST NIE AUF NUMMER SICHER GEGANGEN.
ICH AUCH NICHT.

DIE BULLEN, BOSS. SOLL ICH IHREM ANWALT BESCHEID GEBEN?
WIR HABEN GEWUSST, DASS DAS MAL PASSIEREN WÜRDE. GIB MEINEM PI-LOTEN BESCHEID.
MISTER COSTAS, HIER SPRICHT CAPTAIN GORDON VON DER POLIZEI VON GOTHAM. WIR HABEN EINEN HAUSDURCHSU-CHUNGSBEFEHL UND EINEN HAFTBEFEHL GEGEN SIE...
Unnnh
KA-TANNNG
VERDAMMT... VERDAMMTES GLÜCK...
BLAM
BLAM
WIR GEHEN REIN. OVER.
SPANNNG
SIE KOM-MEN REIN! HAUEN WIR AB!

WHA-WHOOOM
WOFÜR BEZAHLE ICH EUCH?
SICHERT DAS GRUNDSTÜCK!
TANNG
ZINNG
SPWEEEE

SSSS
THUDD
WHAK
SPLISSSH

HABEN SIE IHN GESEHEN, SIR? ES WAR BATMAN!
DAS ÜBERRASCHT MICH LEIDER GAR NICHT.
CAPTAIN!
ABER NEHMEN WIR *IHN* AUCH FEST?
SIE HABEN IHRE **BEFEHLE**... SIE NEHMEN **JEDEN** FEST, DER IN DIESEM HAUS IST.
BATMAN WEISS, DASS ER SICH AUS POLIZEIEINSÄTZEN RAUSHALTEN SOLL...
... UND MUSS SICH SELBST DIE SCHULD GEBEN, WENN ER SICH AUF DIESEN HEISSEN TANZ EINLÄSST!
WIR KÖNNTEN IHRE LINIE MIT DEN **WAGEN** DURCHBRECHEN! ICH HABE EIN SCHWEINEGELD FÜR IHRE **PANZERUNG** BEZAHLT...

DAS WÄRE FÜR SIE BESONDERS RISKANT, BOSS...
SCHLUSS MIT DEN WITZEN, PAULY!
WER MACHT DENN WITZE? SIE WOLLEN DIE COPS, BOSS. WENN SIE SIE ABLENKEN, KOMMEN WIR VIELLEICHT HIER RAUS!
PAULY, BITTE! TU DAS NICHT...
... DU BLÖDER...
BANNG
Unnhhh...
HILF MIR MAL! WIR BRINGEN IHN NACH OBEN, VERSTECKEN IHN DANN, BIS DIE BULLEN IHN GEFUNDEN HABEN, UND...
ICH WEISS NICHT, PAULY...
HAST DU EINEN BESSEREN PLAN? WENN WIR AN EINEM STÜCK HIER RAUSKOMMEN WOLLEN, MÜSSEN WIR...
DA! BATMAN!
ERLEDIGT IHN!
KRAKK
TANNG
PTOOO
SPANG
PTOOO
KRAKK

SHFFFT
THUNK
Aggggh...!
THWUD
ROYAL ELECTRIC
O GOTT...
Ohhh
KOMM SCHON...
KOMM SCHON...
NICHT DIE TY-
PISCHE GANGSTER-
BRAUT, WAS?

SWAK
VROOOOOM
KROOOOM
BANG
SFWEEEE
KRASSSH

CANNNG
SPWEEE
FA-WHOOOM
AUSSCHWÄRMEN, LEUTE! LASST NIEMANDEN VORBEI!
DA! STEHENBLEIBEN, BATMAN, ODER...
?

EIN GESCHENK FÜR EUCH
SIE HABEN IHN GERADE EINGELIEFERT? BESTIMMT?
JA, SIE HALTEN DEN DECKEL DRAUF, ABER ER IST HIER. WIRKLICH...
PHONE
GOTHAM GENERAL HOSPITAL
GEHEN WIR.
WIRD ER DURCH-KOMMEN, DOKTOR THOMPKINS?
ES WIRD SEINE ZEIT BRAUCHEN...
SERGEANT RAWLINS WIRD AUF IHN AUFPASSEN. UND ICH POSTIERE AUCH EINIGE MÄNNER IM TREPPENHAUS.
MA'AM.
HALLO, SERGEANT. ERZÄHLEN SIE MIR NICHTS ÜBER MEDIZIN, UND ICH SAGE IHNEN NICHT, WIE SIE IHREN JOB MACHEN MÜSSEN.

BEZAHLE SIE... WENN SIE MICH GEHEN LASSEN...
NEIN DANKE.
WIE ICH GEHÖRT HABE, IST DEN LEUTEN IN IHREN DIENSTEN KEIN LANGES LEBEN VERGÖNNT.
DIE... DÜRFEN MICH ... NICHT TÖTEN...
ICH ARBEITE AUCH NICHT FÜR DIE POLIZEI.
THAM GENERAL DELIVERIES
GOTHAM GENERAL
HILFE... MEIN BABY...
DER KREISS-SAAL IST UNTEN, MA'AM! WARTEN SIE, ICH...
EXIT
KLUNK

EIN KLEINES SCHWEINCHEN WENIGER, JOHN.
MACH KEINE WITZE DARÜBER, MARCO. DIE POLIZEI IST NICHT UNSER FEIND.
AUSSER, SIE WILL UNS AUFHALTEN.
Mein Vater hat hier gearbeitet... ein Arzt... ein Mann des Friedens...
Ich weiß nicht, ob er mir glauben würde, daß ich seine Arbeit auf die einzige Weise fortsetze, die mir möglich ist.
WER...?
Leslie. Natürlich. Heute abend läuft aber auch alles schief.
ICH LASSE NICHT ZU, DASS SIE IHN TÖTEN.
ICH WILL NUR INFORMATIONEN, DOKTOR THOMPKINS.
ÜBER SEIN VERTEILERNETZWERK... ICH KANN DAMIT MEHR ANFANGEN ALS DIE POLIZEI.
DANN TÖTE ICH IHN.
JOHN...?
ICH HAB'S GEWUSST.
DAS IST MEINE AUFGABE.
GEHT.
SOFORT... SOBALD DU DEINE AUFGABE ERLEDIGT HAST.
ICH BIN KEIN MÖRDER.
DU HAST GESAGT, ICH KÖNNTE IHN TÖTEN. HAST ES VERSPROCHEN.

SO ETWAS HABE ICH NIE GESAGT. ICH BIN FÜR DEINE SCHLUSSFOLGERUNGEN NICHT VERANTWORTLICH.
ICH MUSS IHN TÖTEN...
NUR SO KANN ICH ES IN ORDNUNG BRINGEN.
DU KANNST DIR NICHT VORSTELLEN, WAS ER MIR ANGETAN HAT.
DOCH. ICH WEISS ES. UND ICH KANN ES NICHT ZULASSEN.
BILLY... LOS.
NEIN, LASS MICH.
MARCO, WARTE...
Unnfff!
MARCO!
WHACK
SIE BLEIBEN HIER UND SEHEN ZU, DOC.
...ugh.
WHUD

ZIEGE!
WHACK
RAKKK
CLUDD
SWOKKT
BANG
BANG
BANG
!?
GUTE ARBEIT, JOHN.
UND JETZT COSTAS!
JOHN, LASS ES. ER HAT ES NICHT VERDIENT, SO ZU STERBEN.
COSTAS? ER HAT NOCH WAS VIEL SCHLIMMERES VERDIENT.

NICHT, JOHN. BITTE...
NA SCHÖN, DOC... VIELLEICHT HABEN SIE RECHT.
JUNGS, NEHMT DIESES STÜCK ABFALL MIT.
WIR BEENDEN UNSER GESCHÄFT ANDERSWO.
Nnnnnggg...
HIER SPRICHT DOKTOR THOMPKINS! SAGEN SIE DER POLIZEI, DASS COSTAS WEG UND BATMAN HIER IST!
NEIN...
KEINE ANGST, MEIN HIPPOKRATISCHER EID SCHLIESST SOGAR SIE EIN.
ICH NEHME IHNEN DIE MASKE AB UND...
DOKTOR THOMPKINS, DIE POLIZEI IST AUF DEM WEG ZU IHNEN.
DOKTOR THOMPKINS...?
BRUCE...
„DU BIST BATMAN, BRUCE?"

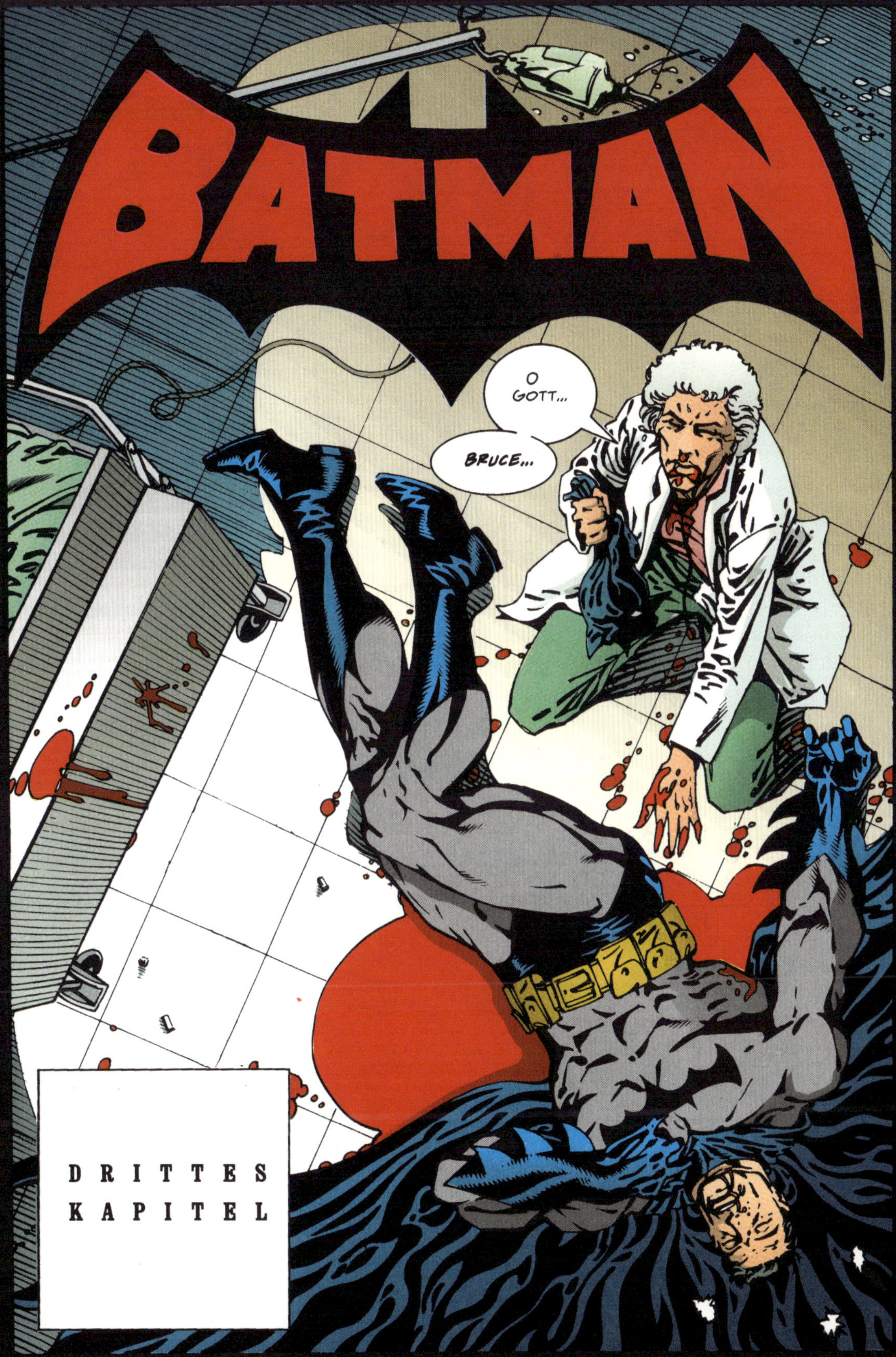
BATMAN
O GOTT...
BRUCE...
DRITTES KAPITEL

DU HAST MICH ALL DIESE JAHRE GETÄUSCHT! WANN IMMER WIR ÜBER BATMAN SPRACHEN... UND DARÜBER, WIE SEHR ICH IHN HASSE... HAST DU GEWUSST...
LESLIE...
DAFÜR HABEN WIR JETZT KEINE ZEIT. DIE POLIZEI IST GLEICH HIER. HILFST DU MIR ODER NICHT?
ICH... WEISS NICHT.
WENN DU NICHT FÜR MICH BIST, BIST DU GEGEN MICH. HILF MIR, ODER GEH MIR AUS DEM WEG...
NA SCHÖN.
„KOMM HIER RÜBER..."
WO SIND SIE, DOKTOR THOMPKINS?
DIE „BAT-MEN" HABEN COSTAS MITGENOMMEN... SIE SIND ÜBER DIE FEUERTREPPE HINAB.
UND BATMAN?
SIE HABEN AUF IHN GESCHOSSEN... ICH WOLLTE IHN AUFHALTEN, ABER ER HAT SIE VERFOLGT. WENN SIE IHN FINDEN... ER IST NICHT IMSTANDE, WIDERSTAND ZU LEISTEN.
SIE SIND WEG, SIR.
SIE HABEN JETZT NICHTS MEHR ZU BEFÜRCHTEN, FRAU DOKTOR. SOLL ICH EINEN BEAMTEN HIERLASSEN?
DANKE, ABER DAS WIRD NICHT NÖTIG SEIN.

DANKE, DOKTOR THOMPKINS. WIR... SIND SIE VERLETZT?
NEIN... MIR GEHT ES GUT. ICH VERSUCHE LIEBER, HIER ETWAS ORDNUNG ZU SCHAFFEN.
DOKTOR THOMPKINS?
JA...?
LAUNDRY
ACH, CAPTAIN GORDON. WAS KANN ICH FÜR SIE TUN?
WENN SIE ANGST UM IHRE SICHERHEIT HABEN, KANN ICH EINIGE LEUTE ABSTELLEN...
NEIN... NEIN, DANKE. MIR WÄRE ES LIEBER, WENN SIE DRAUSSEN AUF DEN STRASSEN WÄREN...
...UND NACH BATMAN SUCHEN.
GANZ MEINE MEINUNG. ICH WOLLTE ES IHNEN NUR ANBIETEN.
EXIT
GUTE NACHT.
DR L. THOMPKINS
IST GORDON WEG...?
JA.
LEBENSWICHTIGE ORGANE WURDEN WOHL NICHT GETROFFEN, ABER DIE KUGELN MÜSSEN RAUS. ICH WERDE DIR EIN...
NEIN. KEINE BETÄUBUNG.

ABER DIE SCHMERZEN WERDEN...
NEIN.
FANGEN WIR AN.
DU BRAUCHST RUHE.
DAFÜR IST KEINE ZEIT.
LOVE, BRUCE

BRINNG
GUTEN ABEND. HIER BEI WAYNE...
ALFRED, HIER SPRICHT DOKTOR THOMPKINS.
HALLO, FRAU DOKTOR. MASTER BRUCE IST LEIDER...
ALFRED, ICH WEISS ALLES. ICH WEISS, DASS BRUCE BATMAN IST.
DOKTOR THOMPKINS, ICH FÜRCHTE, IHR SCHERZ IST HÖCHST...
ICH HABE GERADE DREI KUGELN AUS IHM RAUSGEHOLT. ER IST UNTERWEGS ZUM HAUPTQUARTIER DER „BAT-MEN"! ALFRED, SIE MÜSSEN IHM HELFEN... IHN AUFHALTEN!
DOKTOR THOMPKINS, WIR KÖNNEN IN DEN KREISEN, IN DENEN MASTER BRUCE SICH BEWEGT, NICHTS AUSRICHTEN.
WIR KÖNNEN NUR WARTEN.
ABER... HABEN SIE KEINE ANGST?
STÄNDIG.

JA! ICH HABE GEDACHT, DU WÜSSTEST, WAS AM BESTEN IST...
... ABER DU WEISST ES NICHT. DU WILLST COSTAS RETTEN! DOCH ER HAT DEN TOD VERDIENT!
SCREEEK
SCREEEEE
DU HAST DEINE MÖG-LICHKEIT GEHABT!
JETZT BIN ICH DRAN!
WHOOM
BA-BOOM
WHOOOM

AGGGGHH!
DA BIST DU JA GANZ SCHNELL GANZ KLEIN GEWORDEN...
NEIN! JOHN, NICHT...
ES MUSSTE SO ENDEN... FÜR EINEN VON UNS!
Bitte, John, nicht...!
NUR EIN TRAUM...
NOK NOK
JOHN?
ER IST WACH, JOHN. ICH SOLLTE DIR BESCHEID GEBEN.
GUT, BILLY. ICH KOMME SOFORT.
...ABER ER KAM MIR GANZ ECHT VOR.
ICH HABE BATMAN IN DIESEM TRAUM GETÖTET. ICH WEISS NICHT, WAS EIN PSYCHIATER DAVON HALTEN WÜRDE.
WURDE ER GUT BEHANDELT?
WIE DU ES BEFOHLEN HAST.
GUT GEMACHT, BILLY.

WIE GEHT'S IHM?
ER HAT UNS KEINEN ÄRGER GEMACHT, SIR.
ICH GEHE REIN.
JA, SIR.
KANNST DU DIR VORSTELLEN, WAS DU GETAN HAST, SONNYBOY?
ICH HEISSE JOHN.
WEN INTERESSIERT DAS? WARUM BIN ICH HIER? WAS HABE ICH DIR JE GETAN?
KOMM HER. SIEH MICH AN.
JOHN, DU SOLLTEST...
SCHON IN ORDNUNG, BILLY.
NIMM DIR ZEIT. SIEH MICH GENAU AN.
ICH KENNE DICH NICHT. HAST DU FÜR MICH GEARBEITET, ODER...?
NICHTS DERGLEICHEN. DENK DARÜBER NACH.
ER ERINNERT SICH NICHT. NOCH NICHT.
HE, GANZ GLEICH, WER DU AUCH BIST, DU HAST MICH AUS DIESEM VERDAMMTEN KRANKENHAUS GEHOLT. LASS MICH GEHEN, UND DU BIST EIN REICHER MANN.
DU BLEIBST HIER.
ICH DACHTE, ICH HÄTTE ES MIT VERNÜNFTIGEN LEUTEN ZU TUN! DU BIST NICHT BESSER ALS DIESER VERRÜCKTE BATMAN!
DA IRRST DU DICH.
ICH BIN BESSER. ICH HABE ES BEWIESEN.

DIE COPS WISSEN, WO ICH BIN! DU KOMMST DAMIT NICHT DURCH!
DARAUF WÜRDE ICH NICHT WETTEN.
GEHT NACH HAUSE ZURÜCK, LEUTE! LASST UNS DURCH!
LASST SIE IN RUHE! LASST SIE IN RUHE!
PO
HABT IHR NICHT GEHÖRT? VERSCHWINDET VON HIER!
DAMIT IHR DIE „BAT-MEN" AUFMISCHEN KÖNNT? NICHTS DA!
SIE HABEN DIESES VIERTEL GERETTET! SIE KÜMMERN SICH UM UNS!
SAGT IHNEN, SIE SOLLEN GEHEN!
WIR HABEN SIE NICHT GERUFEN! ABER SIE HABEN DAS RECHT, SICH HIER ZU VERSAMMELN!
BITTE... LASST DIE POLIZEI DURCH!
SIE UNTERSTÜTZEN SIE, DOKTOR THOMPKINS? ABER SIE HABEN UNS DOCH BEIGEBRACHT, UNS ZU ORGANISIEREN! NUR SO KONNTEN WIR DAS KRANKENHAUS BAUEN!
WIR WARTEN AUF IHREN BEFEHL, SIR! WIR HABEN TRÄNENGASGRANATEN GELADEN, UND...
SIE HABEN ES HIER NICHT MIT EINEM HAUFEN PLÜNDERER ZU TUN, SERGEANT!
WENN WIR DIESE ALTEN LEUTE GROB ANFASSEN, WIRD DER BÜRGERMEISTER UNSERE KÖPFE AUF PFÄHLEN PRÄSENTIEREN!

So weit ist es gekommen. Der BoB dieser „Bat-Men" hat unsere gesamte Truppe mattgesetzt.
Und was werden wir tun, wenn er sich entschließt, das Gesetz in die eigenen Hände zu nehmen?
POLICE
Ich habe mich gefragt, wie es wäre, mich nicht um die Polizei kümmern zu müssen... ohne Furcht vor Einmischung operieren zu können.
Ich nehme an, das bin ich John und seinen Jungs schuldig.
Es wäre unhöflich, ihnen nicht persönlich zu danken.
Mit etwas Glück komme ich rein, hole Costas und bin wieder draußen, bevor sie mich gesehen haben...
... aber auf Glück ist eben kein Verlaß.
Die Verletzungen scheinen nicht mehr zu bluten...
Leslie scheint bessere Verbände anzulegen als Alfred...
Mal sehen, wieviel sie wirklich aushalten.

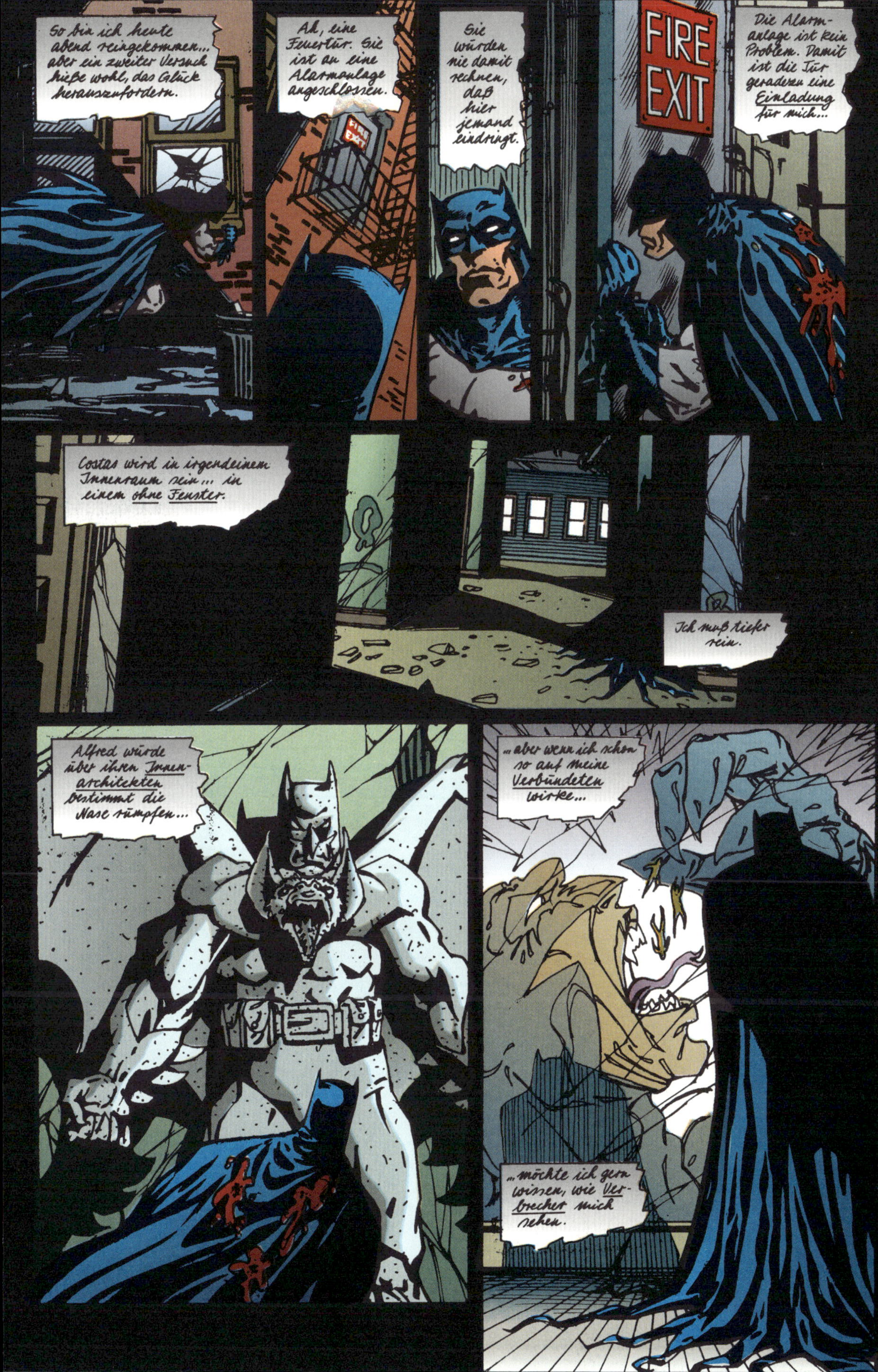
So bin ich heute abend reingekommen... aber ein zweiter Versuch hieße wohl, das Glück herauszufordern.
Ah, eine Feuertür. Sie ist an eine Alarmanlage angeschlossen.
Sie würden nie damit rechnen, daß hier jemand eindringt.
FIRE EXIT
Die Alarmanlage ist kein Problem. Damit ist die Tür geradezu eine Einladung für mich...
Costas wird in irgendeinem Innenraum sein... in einem ohne Fenster.
Ich muß tiefer rein.
Alfred würde über ihren Innenarchitekten bestimmt die Nase rümpfen...
...aber wenn ich schon so auf meine Verbündeten wirke...
...möchte ich gern wissen, wie Verbrecher mich sehen.

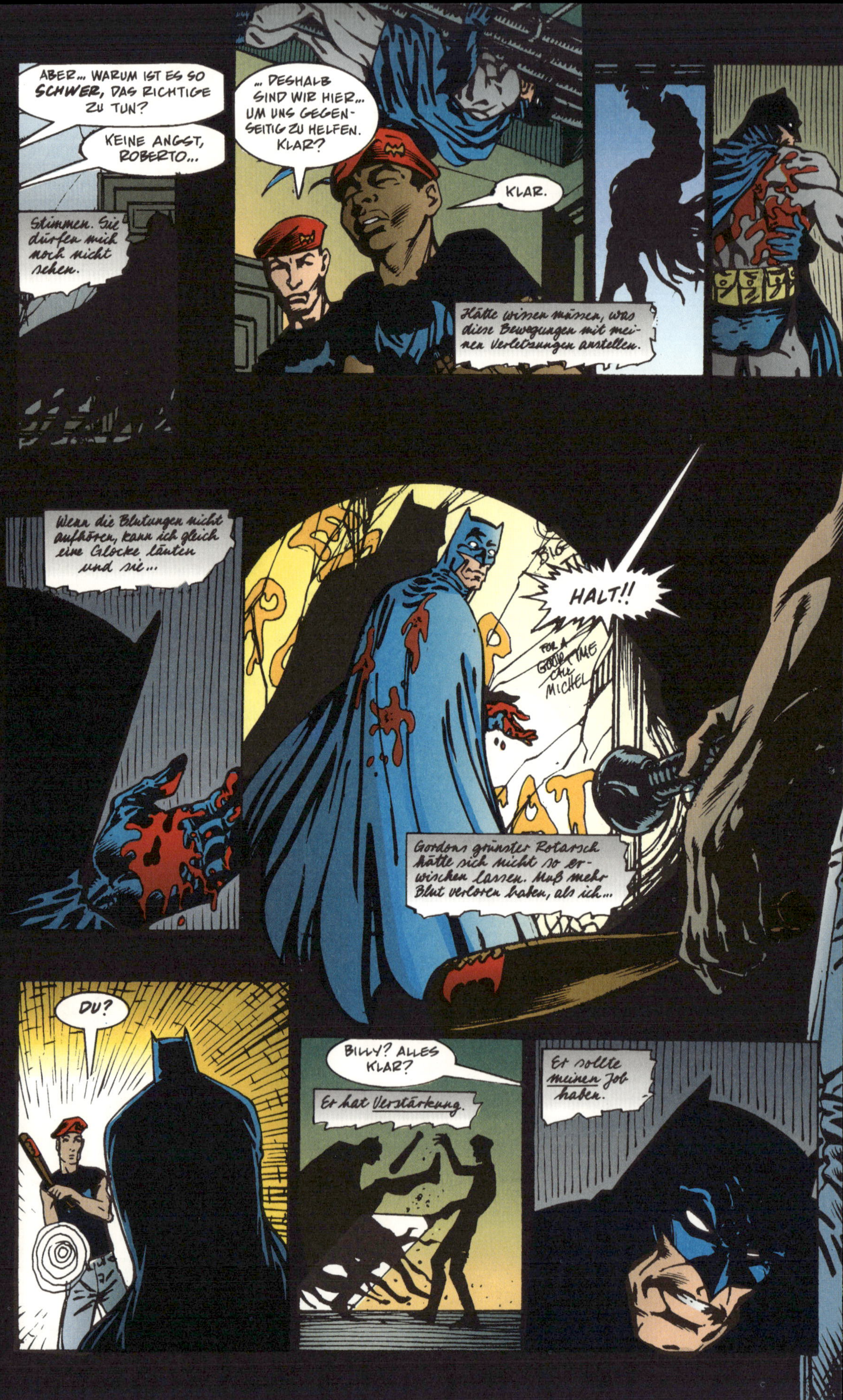
ABER... WARUM IST ES SO SCHWER, DAS RICHTIGE ZU TUN?
KEINE ANGST, ROBERTO...
Stimmen. Sie dürfen mich noch nicht sehen.
... DESHALB SIND WIR HIER... UM UNS GEGENSEITIG ZU HELFEN. KLAR?
KLAR.
Hätte wissen müssen, was diese Bewegungen mit meinen Verletzungen anstellen.
Wenn die Blutungen nicht aufhören, kann ich gleich eine Glocke läuten und sie...
HALT!!
Gordons grünster Rotarsch hätte sich nicht so erwischen lassen. Muß mehr Blut verloren haben, als ich...
DU?
BILLY? ALLES KLAR?
Er hat Verstärkung.
Er sollte meinen Job haben.

ICH HABE DIE ANDEREN GEHOLT, WIE DU ES GESAGT HAST. WER WAR...
GUT, ROBERTO. SAUBERE ARBEIT, MANN. ES IST NIEMAND HIER.
DAS GEHÖRT ZU DEINER AUSBILDUNG, MANN. WIR MÜSSEN WISSEN, OB DU BEFEHLE BEFOLGEN KANNST. HERZLICHEN GLÜCKWUNSCH.
ECHT? DU SAGST ES JOHN?
KLAR DOCH.
DU KANNST JETZT RAUSKOMMEN.
MACH DAS LICHT AUS.
SORRY.
WARUM HAST DU MICH NICHT AUFFLIEGEN LASSEN?
ICH KONNTE ES NICHT. WENN JOHN ES ERFÄHRT, BIN ICH TOT... ER IST JETZT AUF SEINEM UREIGENEN TRIP. ABER ICH...
... KONNTE ES EINFACH NICHT.
Er klingt aufrichtig. So klang John auch.
WENN JOHN DICH ERSCHIESST, WÄRE ES... KEINE AHNUNG. ALS OB ER MICH ERSCHIESSEN WÜRDE.
ABER ICH BIN DER MIT DEM VERBAND.

SORRY.
DAS IST MEIN ZIMMER. ICH HAB EINS FÜR MICH ALLEIN.
ICH BIN AUFSEHER.
DIE VERBÄNDE MÜSSEN GEWECHSELT WERDEN.
IST DAS DEINE FAMILIE?
JA, ZU HAUSE IN IOWA... DA KOMME ICH HER.
BEWEG DICH NICHT. ES KÖNNTE WEH TUN.
DU BIST ABGEHAUEN?
GING NICHT ANDERS. ICH HAB DAS STIPENDIUM FÜRS MEDIZINSTUDIUM NICHT GEKRIEGT, UND MEINEN ALTEN HERRN... ER KENNT HIPPOKRATES WOHL NOCH PERSÖNLICH... HAT FAST DER SCHLAG EREILT.
WAS HAST DU GEGEN ÄRZTE? DER BERUF IST DOCH IN ORDNUNG.
NICHT, WENN MAN IHN DIR AUFZWINGT UND DIR DAS NICHT PASST. AUSSERDEM LEISTE ICH HIER BEI JOHN GUTE ARBEIT. DIE LEUTE GLAUBEN AN IHN. DIE JUNGS GLAUBEN AN IHN.
DU HAST NICHT GESAGT, WAS DU DAVON HÄLTST.
ER IST ZU WEIT GEGANGEN, BILLY. MAN MUSS IHN AUFHALTEN.
ICH WEISS.
ABER RECHNE NICHT MIT MEINER HILFE.
VIELLEICHT BRAUCHE ICH SIE ABER.
ER IST MEIN FREUND. ER HAT FÜR MICH GESORGT. ER WÜRDE GLAUBEN, ICH HÄTTE IHN VERRATEN.
HAST DU EINE AHNUNG, WIE ICH MICH DANN FÜHLEN WÜRDE?

KANN ICH NICHT BEHAUPTEN.
DU MUSST IHN NICHT VERRATEN, BILLY. SAG MIR NUR, WO COSTAS IST. JOHN MUSS IHN HIER IRGENDWO VERSTECKT HA...
BONNG
BONNG
ZWEI TÖNE.
DAS IST EIN NOTSIGNAL.
ICH MUSS GEHEN.
KOMMST DU KLAR, BIS ICH WIEDER ZURÜCK BIN?
MAL SEHEN.
SEIT WOCHEN SIND WIR EIN SYMBOL FÜR DIE HILFLOSEN, DIE ENTMUTIGTEN, FÜR DIE, DIE SICH AN KEINEN ANDEREN WENDEN KÖNNEN.
VIELLEICHT GEHÖRTET IHR FRÜHER AUCH ZU IHNEN. ICH SCHON.
ABER ICH BIN DA RAUSGEKOMMEN... TROTZ DES TIERS, DAS WIR HEUTE GEFANGENGENOMMEN HABEN.
BRINGT IHN REIN, LEUTE!
O GOTT...
Uhhhh!

WARUM TUT IHR MIR DAS AN? MEINE JUNGS HABEN SICH VON EUREM REVIER FERNGEHALTEN...
ES GIBT IN DIESER STADT GRÖSSERE DEALER! ICH KANN SIE EUCH AUSLIEFERN...
ICH WAR BEREITS VERHAFTET! WISST IHR, WELCHEN ÄRGER IHR EUCH EINGEHANDELT HABT?
RUFT LIEBER DIE POLIZEI...
SIEH MICH AN, COSTAS...
DU WEISST, WORUM ES GEHT. EINE PERSÖNLICHE ANGELEGENHEIT.
ICH HABE DICH NOCH NIE GESEHEN.
ER WEISS ES WIRKLICH NICHT MEHR.
WENN JEMAND DIESEN ABEND VERGESSEN HABEN MÜSSTE, DANN ICH. ICH WAR HIGH. ABER ICH WERDE IHN NIE VERGESSEN.
UND ER ERINNERT SICH NICHT DARAN.
DU WEISST ES NICHT MEHR!
KRAKK!
DAS REICHT!
CHAVNNNGG

YAYYYY!
YAYYYYY!

YAYYYYY
ES IST VORBEI.
ES IST ENDLICH...

BEWACHT ALLE AUSGÄNGE! LASST IHN NICHT...
NICHT NÖTIG, JOEY. ER HAUT NICHT AB. ER KÖNNTE ES NATÜRLICH...
...ABER DAS IST NICHT SEINE ART. ER WILL DIESE SACHE VOR DEM MORGENGRAUEN ZU ENDE BRINGEN...
EXIT
...UND ICH AUCH.
So oder so, es muß ein Schlußstrich gezogen werden.
Ich habe nicht mehr viele Verbündete...
... aber einer ist immer auf meiner Seite... die Dunkelheit.
ROYAL
DA!

Ich habe diese Jungs vielleicht unterschätzt ...
... aber auch ich habe noch ein paar Tricks im Ärmel.
HSSSSS
VOR-SICHT!
WO IST ER?
ROYAL ELECTRIC
ROYAL ELECTRIC

Agggh!
Ich habe mir eine Rippe angebrochen. Ich darf mich nicht mehr mit dem Fußvolk abgeben. Ich muß an den Boß heran.
IRGENDWANN WERDEN DIE BULLEN REINKOMMEN... ABER WENN WIR IHNEN DANN DIE LEICHEN VON COSTAS UND BATMAN GEBE, VERHANDELN WIR MIT GORDON NACH MEINEN BEDINGUNGEN!
DANACH VIELLEICHT DAS RATHAUS... UND DANN HAT DER HIMMEL KEINE GRENZEN MEHR!
DU HAST SCHON EINEN GETÖTET, JOHN...
...KÖNNTEST DU IHN NICHT NUR GEFANGENNEHMEN? DIE POLIZEI WÜRDE...
DU WOLLTEST IM KRANKENHAUS SCHON NICHT, DASS ICH IHN TÖTE, BILLY... ICH FRAGE MICH, WO DEINE LOYALITÄT LIEGT.
KOMM SCHON, JOHN. DU WEISST, ICH WÜRDE NIE...
KRASSH!
JOHN...
...ER IST HIER!
DAS HAT ER WOHL SCHON MITBEKOMMEN.

AUF IHN!
WARTET...
REGELN WIR DAS SO, WIE ES ANFING...
ZWISCHEN UNS BEIDEN... MIT DEN WAFFEN, DIE WIR AM KÖRPER TRAGEN.
KLAR DOCH...
...ICH ZUERST!
NEIN...!
BLAM
BLAM
BLAM
BLAMBLAMBLAM
ICH BIN DRAN.

ICH GEHE. ICH NEHME JOHN MIT.
IHR ANDERN HABT FÜNFZEHN MINUTEN. DANN RÄUMT DIE POLIZEI DAS GEBÄUDE. ÜBERLEGT GUT, WAS IHR TUT.
CLUNK
THUD
CLUNK
HAST DU DAS GESEHEN? ER HAT SECHS KUGELN WEGGESTECKT, ALS OB'S NIX WÄR!
ER TRÄGT 'NE WESTE!
UND? DIE WUCHT DER TREFFER HÄTTE EIN MAULTIER UMGEWORFEN!
VIELLEICHT TRÄGT ER KEINE WESTE...
MANN, DAS WAR UNGLAUBLICH.
WIR MÜSSEN'S DEN ANDEREN SAGEN...
DU... HAST JOHNS PISTOLE MIT PLATZPATRONEN GELADEN, ODER? BEVOR ER SIE GEHOLT HAT?
LAUTER, MEIN SOHN... IN METROPOLIS HABEN SIE DICH NICHT GEHÖRT.
WAS IM NAMEN...
ACH DU HEILIGE...

SAGT DEN BEWOHNERN DIESES VIERTELS, DASS DER MANN, DEN SIE SCHÜTZEN, SIE ALLE BETROGEN HAT... ER IST EIN MÖRDER, DER IHRE TREUE NICHT VERDIENT. UND NOCH VIEL WENIGER IHR BLUT.
KANNST DU DAS BEWEISEN?
COSTAS LEICHE LIEGT IN IHREM HAUPTQUARTIER. AUF DEM BASEBALLSCHLÄGER, MIT DEM ER GETÖTET WURDE, SIND JOHN ACKERS FINGERABDRÜCKE.
UND DIESER JUNGE MANN HAT GESEHEN, DASS JOHN COSTAS ERMORDET HAT.
WERDEN SIE AUSSAGEN?
JA, SIR...
UND DANN FAHRE ICH NACH IOWA ZURÜCK. ICH MUSS DA NOCH ETWAS ERLEDIGEN.
VIEL GLÜCK, BILLY. DU WIRST ES SCHAFFEN.
BIST DU WIRKLICH IN ORDNUNG? DOKTOR THOMPKINS MUSS HIER NOCH IRGENDWO SEIN... ZUMINDEST WAR SIE HIER.
MIR GEHT'S GUT, CAPTAIN.
JUDAS HÄTTE MICH NICHT BESSER IN DIE PFANNE HAUEN KÖNNEN... UND DAS, NACHDEM ICH IHN LEBEN LIESS...

ABER ICH KOMME SCHON DURCH. ER WOLLTE MICH UMBRINGEN. DAS HABE ICH ÜBERSTANDEN...
UND ICH WERDE AUCH **DAS** ÜBERSTEHEN.
VORSICHT, ALFRED. DAS IST KEIN **BRATEN**.
TUT MIR LEID, MASTER BRUCE...
...ABER DIESE VERLETZUNG HÄTTE SCHON VOR STUNDEN GEKLAMMERT WERDEN MÜSSEN.
ICH HATTE ZU TUN.
ICH KÜMMERE MICH DARUM, ALFRED... WENN BRUCE NICHTS DAGEGEN HAT.
DOKTOR THOMPKINS? ICH WEISS NICHT... ICH NEHME AN...
MASTER BRUCE?
SCHON GUT. PROBIEREN SIE IHRE KÜNSTE AN EIN PAAR ROULADEN AUS, ALFRED.
WENN DIE WUNDE AUFREISST, KÖNNTE ES SEHR UNANGENEHM WERDEN. ICH VERORDNE DIR EIN PAAR TAGE BETTRUHE.
DAS WIRD WOHL NICHT KLAPPEN.
BRUCE, ALL DIESE NARBEN! WAS DU DURCHGEMACHT HAST...
DAS IST MEIN JOB, LESLIE... KRIEGSVERLETZUNGEN.

DEIN „JOB"? MEHR IST ES FÜR DICH NICHT? ES TUT MIR LEID, DASS ICH BEI DIR VERSAGT HABE.
LESLIE, WOVON SPRICHST DU?
ALLES IST MEINE SCHULD! WENN ICH DICH RICHTIG ERZOGEN HÄTTE, WÜRDEST DU NICHT DEN DRANG VERSPÜREN...
MAN KANN NUR DAS BLATT AUSSPIELEN, DAS MAN AUF DER HAND HAT, LESLIE. ICH TREFFE MEINE EIGENEN ENTSCHEIDUNGEN.
ICH WEISS NICHT, OB ICH GLÜCKLICH BIN... ABER ICH BIN ZUFRIEDEN.
Ich bedaure nur, daß ich allein dort draußen bin. Es war schön, jemanden an meiner Seite zu haben, zu einem Team zu gehören...
Aber es ist sinnlos, sich etwas zu wünschen, das man niemals bekommen kann.
EIN GROSSER TAG MORGEN, KUMPEL. DU BRAUCHST DEINEN SCHLAF.
ICH KONNTE NICHT SCHLAFEN, DAD. ICH HABE NOCH ETWAS GELESEN...
„BATMAN", WAS? EIN ZIEMLICH HARTER BURSCHE.
ER IST KLASSE ...
OB WIR IHN WOHL SEHEN, WENN WIR IN GOTHAM AUFTRETEN?
DAS WIRD NOCH EINE WEILE DAUERN, DICK. SCHLAF GUT.
THE Flying Graysons
CIRC
ENDE

Printed in Poland
by Amazon Fulfillment
Poland Sp. z o.o., Wrocław

70947396R00190